AF249887

NOTICE

SUR

GUILLAUME DE THUREY,

ARCHEVÊQUE DE LYON,

PAR A. PERICAUD AINÉ,

DES ACADÉMIES DE LYON, TURIN, ETC.,

UN DES FONDATEURS DE LA SOCIÉTÉ LITTÉRAIRE DE LYON, MEMBRE NON RÉSIDENT

DU COMITÉ DE L'HISTOIRE, DE LA LANGUE ET DES ARTS, INSTITUÉ

PRÈS LE MINISTÈRE DE L'INSTRUCTION PUBLIQUE.

1358-1365.

Le devoir de l'historien est de raconter les choses
comme elles sont advenues.

C.-F. MENESTRIER.

LYON

IMPRIMERIE D'AIMÉ VINGTRINIER

QUAI SAINT-ANTOINE, 36

1856

NOTICE

GUILLAUME DE THUREY,

ARCHEVÊQUE DE LYON, ABBÉ DE SAINT-JUST, ETC.

Guillaume de Thurey, né en Bourgogne (1), fut reçu chanoine-comte de Lyon en 1336, et assista, la même année, à l'hommage prêté par le dauphin Charles de France à Henry de Villars, archevêque de Vienne. Il fut choisi, l'année suivante, avec Amédée de Crussol, précenteur du Chapitre, pour régler les contestations nées ou à naître entre l'archevêché de Lyon et Guy, comte de Forez. Élu évêque d'Autun en 1351, il montra une grande sagesse dans l'administration de son diocèse. Il n'avait pas encore été remplacé comme doyen du chapitre en 1354, car, le 14 août de cette année, Pierre, abbé du monastère de Joug-Dieu, fit entre ses mains acte de foi et hommage à l'église de

(1) Il est à présumer qu'il était de Cuisery, paroisse de la Bresse-Chalonaise, car il fonda, en 1348, avec Girard de Thurey, son frère, une chapelle dans l'église de cette paroisse. Voyez La Mure, *Hist. eccl. de Lyon*, p. 190 ; Courtépée, *Duché de Bourgogne*, tome III, p. 315 et 458 ; L. Morel de Voleine et H. de Charpin, *Recueil de Documents* pour servir à l'histoire de l'ancien gouvernement de Lyon, p. 83.

Lyon. Ce fut aussi en sa présence que, le 20 mai 1355, Guillaume de Landore, abbé de l'Ile-Barbe, fit un pareil hommage. Après la mort de Raymond Sachetti, arrivée en 1358, il fut appelé à lui succéder sur le siége épiscopal de Lyon, et peu de temps ensuite il fut nommé abbé de Saint-Just (1).

Le 1ᵉʳ septembre 1359 il rendit, sur les plaintes unanimes des reclus de son diocèse, une ordonnance par laquelle il rétablit l'ancienne aumône de trois ânées de seigle par an et de dix deniers par semaine que leur faisait l'archevêché, aumône que son prédécesseur avait supprimée (2).

Depuis la bataille de Poitiers (19 septembre 1356), le roi Jean était le prisonnier des Anglais, et le Dauphin (plus tard Charles V) tenait les rênes du gouvernement.

(1) L'abbé de Saint-Just était le troisième des neuf dignitaires du Chapitre de Saint-Jean; il lisait l'Épître lorsque l'archevêque officiait : c'était l'archidiacre qui lisait l'Évangile. Act. capit. de 1337. S. — Il est à remarquer que ce n'est qu'à partir du 2 novembre 1361 que les actes capitulaires de l'Église de Lyon furent consignés sur des registres dont les premiers furent tenus par Alexandre Millet. Jusqu'alors ils avaient été écrits sur des feuilles volantes. Cette même année 1361, mourut Barthélemy de Civins, abbé d'Ainay, qui avait mis en ordre, en 1341, le précieux cartulaire de son abbaye. Voyez son article dans la *Biogr. lyonn.*, et Le Laboureur, *Maz.*, I, 209.

(2) Les reclus ne se bornaient pas à prier Dieu, comme on le croit communément ; ils enseignaient à lire aux enfants. Le P. Menestrier nous apprend dans ses notes manuscrites que le reclus de la Magdeleine enseignait, en 1364, la grammaire aux *clergeons* de Saint-Jean, c'est-à-dire aux enfants de chœur. Voyez sur ce mot encore usité à Lyon, les *Mélanges* de C. Breghot, p. 223, et ajoutez à sa remarque ce dicton populaire *faire le prêtre et le clergeon*, dicton qui explique parfaitement cette autre expression proverbiale employée par Montaigne, III, 4 : *Faire le presbre Martin.* Voyez aussi Cochard, *Séjour d'Henri IV à Lyon*, p. 114, et le *Recueil de poësies* publié par Ch. de Sercy en 1653, p. 348.

Le roi de Navarre, Charles-le-Mauvais, échappé de sa prison avait armé contre le Dauphin, mais grâce à la médiation de notre archevêque qu'Innocent IV avait envoyé à Paris, les deux princes firent, en 1359, un traité qui mit fin à leurs débats.

Le 6 mars de cette même année, Louis, comte de Forez, après avoir ratifié une transaction passée entre lui, l'archevêque et le Chapitre, fit, en leur présence, hommage à l'Église de Lyon.

Il y avait alors de fréquents rapports de tout genre entre Lyon et Avignon, où siégeait la cour papale, et pendant que la France était en proie au fléau d'une guerre intestine qui livrait notre ville à d'incessantes alarmes, Avignon, après avoir échappé aux horreurs de la peste noire, avait retrouvé ses anciennes joies ; les prélats italiens y déployaient leur luxe, et le sacré collége n'y offrait pas toujours « l'exemple des vertus que doit donner l'Église. » Un fameux prédicateur de cette époque, Frère Jean de Rochetaillée, né près de Lyon, ne put contenir son indignation, mais il exagéra tellement les désordres contre lesquels il déclamait que le Pape le fit mettre en prison. Froissart qui avait déjà parlé de ce moine dans le chapitre 124 de la 2me partie du 1er livre de ses Chroniques, nous a conservé (l. III, c. 27) un apologue que ce religieux avait fait entrer dans sa défense : « Il fut une fois, disoit Frère Jean, un oiseau qui naquit et apparut au monde sans plumes. Les autres oiseaux, quand ils le sçurent, l'allèrent voir, pour tant qu'il étoit si bel et si plaisant en regard. Si imaginèrent sur lui et se conseillèrent quelle chose ils en feroient, car sans plumes il ne pouvoit voler, et sans voler il ne pouvoit vivre. Donc, dirent qu'ils vouloient qu'il vesquist, car il étoit trop purement bel. A donc n'y eut là oisel qui ne lui donnât de ses plumes, et plus étoient gentils et plus lui en donnoient ; et tant que cil

bel oisel fut tout empenné et commença à voler. Et encore
en volant, prenoient tous les oiseaux, qui de leurs plumes lui
avoient donné, grand' plaisance. Cil bel oiseau, quand il se
vit si au-dessus de plumage, et que tous oiseaux l'hono-
roient, il se commença à énorgueillir, et ne fit compte de
ceux qui fait l'avoient, mais les bequoit et poignoit et con-
trarioit. Les oiseaux se mirent ensemble et parlèrent de cet
oisel qu'ils avoient empenné et cru, et demandèrent l'un à
l'autre quelle chose en étoit bon à faire, car ils lui avoient
tant donné du leur qu'ils l'avoient si engrandi et enorgueilli
qu'il ne faisoit compte d'eux. A donc, répondit le paon :
« Il est trop grandement embelli de mon plumage, je re-
« prendrai mes plumes. » — « En nom Dieu, dit le faucon,
je reprendrai les miennes. » Et tous les autres oiseaux aussi
en suivant, chacun dit qu'il reprendroit ce que donné lui
avoit, et lui commencèrent à rétollir et à ôter son plumage.
Quand il vit ce, se humilia grandement et reconnut or primes
que le bien et l'honneur qu'il avoit, et le beau plumage, ne
lui venoit point de lui, car il étoit né au monde nu et povre
de plumage, et bien lui pouvoient ôter ses plumes ceux qui
donné lui avoient, quant ils vouloient. A donc leur cria-t-il
merci, et leur dit que il s'amenderoit... Les gentils oisels qui
emplumé l'avoient en orent pitié quand ils le virent s'humi-
lier, et lui rendirent plumes ceux qui ôtées lui avoient, et lui
dirent : « Nous te veons entre nous volontiers voler, tant que
par humilité tu veuilles ouvrer, car moult bien y affert ; mais
sçaches que si tu t'en énorgueillis plus, nous te ôterons ton
plumage, et te mettrons au point où nous te trouvâmes .
Ainsi, en adviendra , disoit Frère Jean aux cardinaux qui
étoient en sa présence , car l'empercur de Rome et d'Al-
lemagne , les rois chrétiens et les hauts princes terriens
vous ont donné les biens et les richesses pour servir Dieu ,
et vous les dispensez en orgueil, en pompes et en superfluités.

Que ne lisez-vous la vie de saint Sylvestre, pape de Rome,...
et ne considérez-vous justement, comment Constantin lui
donna premièrement les dîmes de l'Église, et sur quelle condition? Sylvestre ne chevauchoit point à deux cents ni à trois
cents chevaux parmi le monde, mais se tenoit simplement et
closement à Rome, et vivoit sobrement avec ceux de l'É-
glise..... Mais on fait à présent tout le contraire, pourquoi
Dieu s'en couroucera une fois si grandement sur ceux qui sont
et qui au temps avenir viendront, que les nobles qui se sont
élargis de donner les rentes, les terres et les seigneuries que
ceux de l'Église tiennent, s'en refroidiront de donner avant,
et retouldront espoir ce que donné ont: et si ne demeurera
point longuement. »

S'il fallait en croire quelques auteurs, et notamment le
calviniste Innocent Gentillet (1), Frère Jean auroit fini ses jours
en prison, mais on doit plutôt s'en rapporter au P. Fodéré
qui, après avoir rapporté dans sa *Narration des convens* (sic)
de S. François, l'apologue de l'oiseau né sans plume, ajoute
que « la rare vertu de ce prédicateur, la sainteté de sa vie, sa
« grande et noble parenté (2) le mirent à couvert, et qu'il
« fut enterré dans le couvent des Cordeliers de Villefranche

---

(1) *Discours sur les moyens de bien gouverner;* Lyon, 1576, in-8. L'Apologue, rapporté par Froissart, se trouve aussi dans Paradin; il a été mis en
vers par Rosel de Beaumont, *OEuvres mêlées*, p. 96. Voyez Joly sur Bayle,
p. 698; les *Archives du Rhône*, XIII, 210, nos *Variétés historiq.*, p. 76;
et l'*Hist. de l'Église gallicane*, livre 39 où le P. Berthier a reproduit un
curieux fragment d'une lettre de Frère Jean à l'archevêque de Toulouse,
lettre qui nous a été conservée par le Continuateur de Nangis.

(2) Deux personnages du nom de *Rochetaillée* furent reçus chanoines de
Lyon, l'un en 1151, l'autre en 1302. Quant au cardinal Jean Dupuy de La
Rochetaillée que les uns font fils d'un vigneron, les autres d'un pêcheur,
Severt (p. 354) cite un passage du Livre des fondations l'Église de Lyon
où il est qualifié chanoine de cette église, ce qui témoignerait que son père
était gentilhomme. Voyez aussi Quincarnon, sur Saint-Jean, p. 51.

BIBLIOTHÈQUE IMPÉRIALE

« au diocèse de Lyon où il termina sa carrière (p. 320). »

Avignon n'était pas la seule ville où il y eût des réformes à faire; dans celle de Mâcon, les fiancés, suivant un ancien usage, ne pouvaient pas recevoir la bénédiction nuptiale avant de s'être présentés devant le chantre du Chapitre de Saint-Vincent. Les Mâconnais voulurent se soustraire à cette obligation, et, d'accord avec le Chapitre, ils prirent pour arbitre Guillaume de Thurey qui rendit, en 1361, une sentence dont voici le dispositif :

« Attendu que par le droit canonique et par le droit civil, les mariages doivent être libres, nous prononçons, disons, décidons et ordonnons que les citoyens et habitants de la ville de Mâcon, présents et à venir, et leurs successeurs à perpétuité aient le pouvoir de se marier et de recevoir la bénédiction nuptiale sans la permission du chantre ou de tout autre agissant en son nom, de manière cependant que pour le droit et profit que ledit chantre avoit coutume de percevoir en vertu des anciennes chartes sur ceux qui vouloient se marier, tout citoyen,... se mariant et voulant recevoir la bénédiction nuptiale, soit tenu, comme ci-devant, étant à la porte de l'Église, et avant d'y entrer, de donner et payer au curé ou au chapelain de qui il recevra la bénédiction nuptiale, pour le droit du chantre, six deniers parisis en disant publiquement : *Veez ci six deniers parisis pour lo droit dou chantre de l'Église de Mascon* (1)..... »

Si un archevêque de Lyon rendit une pareille sentence, est-il croyable que ses prédécesseurs qui ne brillèrent pas moins par leur doctrine que par la sévérité de leurs mœurs, eussent souffert que les chanoines de leur métropole se fussent atribué, en succédant aux comtes de Forez, un droit que ceux-ci n'avaient jamais eu dans le Lyonnais qui était

____

(1) Voyez le Nouveau Du-Cange, IV, 282.

règi , non par des coutumes, mais par le droit italique? Et pourtant Saint-Foix n'a pas craint d'avancer dans un livre qu'on lit encore (1) que les chanoines de Saint-Jean avaient le droit de passer avec les épousées de leurs serfs ou hommes de corps, la première nuit de leurs noces. Pour justifier cette allégation il nous renvoie à un jurisconsulte napolitain, Camille Borello, qui d'ailleurs n'a fait que répéter ce que Réné Chopin avait dit avant lui (2). Or, l'un et l'autre disent claire-

(1) *Essais sur Paris*, tome iv de ses *OEuvres*, p. 107.

(2) « .... Simili modo canonici simul et comites Lugdunenses cum « patronale jus haberent coxae locandae in genitali thoro subditi subditaeve « nuptias ineuntium primo ipso connubiali die, passi sunt obscoeni hujus « oneris conversionem in *epulare munus*, eodem die nuptiali. » *De Legibus Andium*, I, 31, viii. Thouret a rendu ainsi ce passage : « ... En pareille façon , les chanoines et comtes de Lyon ayans ce droit seigneurial de mettre la cuisse dans le lit de leur vassal ou vassale , le premier jour de leurs nopces, s'accordèrent de changer ce droit deshonneste en un *festin* ledit jour. » Comme on le voit, Thouret n'a pas compris le sens des mots *epulare munus* qui ne veulent pas dire un *festin*, mais un *plat de festin*. Quant au passage de Borello , il se trouve sous le n. 150 de son livre intitulé *Consiliorum sive Coutroversiarum centuria I;* Venetiis 1598, in-fol. — Barbeyrac a partagé l'erreur de Chopin dans un Discours joint à sa traduction des *Devoirs* de Puffendorf. M. Dalloz enfin , dans son *Répertoire*, au mot Adultere , est allé jusqu'à dire que « les Chapitres « d'Amiens, de Mâcon et de Lyon usèrent jusqu'à la fin du XIVe siècle du « droit de prélibation dont on aurait encore trouvé des traces au XVIIIe siè- « cle. » — Cette question a été le sujet d'une controverse soulevée par M. Louis Veuillot à l'occasion d'un rapport fait à l'Institut par M. Dupin, et dans lequel il avait dit que « les curés même usèrent de ce droit. » Cependant le célèbre académicien n'avait fait que reproduire les allégations de plusieurs écrivains, notamment de Châteaubriand dans ses *Études historiques*. Brochant sur le tout, un conseiller de la Cour de Pau , M. de Lagreze a résumé dans son *Essai sur le droit du seigneur* (Paris, 1855, in-8) tout ce que l'on avait dit pour et contre, et s'appuyant d'un aveu échappé à M. Veuillot, il a reconnu que « parmi tant de traits de barbarie attribués « au moyen âge, celui-là pouvait s'être rencontré. » Après avoir analysé l'Essai de M. de Lagreze , M. Henri Martin, t. v, p. 567 de son *Hist. de*

ment que le droit dont ils parlent, avait été converti en un mets destiné à leur table. S'ils ne précisent pas l'époque de cette conversion, il est à croire qu'elle se fit lorsque l'archevêque et le Chapitre devinrent, en 1132, possesseurs du Comté de Lyon par suite de traités faits avec les comtes de Forez. Au reste, il n'y aurait rien d'extraordinaire à ce qu'un usage jugé inique et odieux au XIVe siècle eût été trouvé juste et bon au XIIe et au XIIIe, surtout si cet usage n'était devenu abusif que par suite de la corruption des mœurs (1).

Nous avons dit plus haut que Lyon était en proie à de continuelles alarmes. L'apparition des Tard-venus dans nos contrées vint les redoubler. Vers les premiers jours d'avril 1362, il y eut près de Brignais, entre ces aventuriers et les

France, ajoute : « L'existence du droit du seigneur était ce qu'on peut « appeler un fait de notoriété historique ; il manquait les preuves direc- « tes, les coutumes écrites ; on voit que ces preuves ne manquent plus. » C'est donc avec raison qu'un très-savant homme nous disait : *On n'invente pas ces choses-là.* Ce droit, ajoutait-il, existait bien avant le moyen-âge : un des trois ou quatre empereurs qui régnèrent en même temps que Constantin, ce féroce Maximin en usait largement ; on lit à ce propos dans le traité attribué à Lactance *de Mortibus persecutorum*, c. 38 : ... *Postremo hunc jam induxerat morem ut nemo uxorem sine permissu ejus duceret, ut ipse in omnibus nuptiis praegustator esset.* C'était, continue l'érudit philologue, un caprice d'empereur mais il a bien pu passer avec d'autres abus de la vieille Rome dans les mœurs de nos seigneurs féodaux.

(1) On a sous ce titre *le Droit du seigneur*, deux comédies, l'une de Voltaire, l'autre de Lavallée ; c'est aussi le sujet : 1° du chef-d'œuvre de Boïeldieu, *le Nouveau seigneur de village ;* 2° du vaudeville de MM. Delacour et Jaime, *les Noces de Merluchet.* — La suppression de ce droit à Montferrat, en 1235, a été chantée par Sincer Colombo Giulio dans un poème, *il Fodero*, imprimé à Paris en 1783 et traduit en français par Collin de Plancy. Ce Sincer Colombo Giulio n'est autre que l'avocat Sincère Rastelli, professeur de langue italienne à Lyon, avant le siége de cette ville où il a traduit en cette langue l'*Estelle* de Florian et l'*Abailard supposé* de Mme de Beauharnais (Lyon, A. de La Roche, 1791). Il était né à Villanova en Piémont vers 1750, et fut un des 64 Lyonnais mitraillés dans la plaine des Brotteaux le 4 décembre 1793.

:roupes royales, une bataille sanglante où le connétable de
Bourbon et son fils furent mortellement blessés. Après cette
déplorable journée, les Tard-venus n'abandonnèrent pas
immédiatement le Lyonnais ; ils se divisèrent en deux bandes.
L'une prit le chemin d'Avignon, l'autre rebroussa dans le
Mâconnais qu'elle pilla tout à son aise après s'être emparé
du château d'Anse qui lui servait de retraite. La fête des
Merveilles qui se faisait chaque année le 21 juin avec de
grandes réjouissances, ne fut célébrée en 1362 et en 1363
que par une messe et une procession, à cause du danger où
la ville se trouvait exposée « par la présence des ennemis qui
« l'entouroient de tous costés (1). » Il paraît toutefois que notre
prélat put envoyer un renfort au Pape qui l'en remercia
par une lettre écrite d'Avignon en janvier 1363.

Le 9 décembre précédent, des lettres-patentes en forme
de commission avaient été adressées au prévôt de Mâcon pour
informer si la porte de Pierre-Scise appartient à la ville ou
à l'archevêque, et si celle de Trion appartient à la ville ou
au Chapitre de Saint-Just, et cependant il lui est enjoint d'en
garder les deux clés et de les mettre en sequestre entre les
mains de gens dignes (2). »

(1) Voyez nos *Documents sur Lyon* au 6 avril 1362 ; Menestrier, *Hist.
cons.*, p. 490 ; Juénin, *Hist. de Tournon*, p. 87 ; Courtépée, *Duché de
Bourgogne*, 1, 154.

(2) Le château de Pierre-Scise était la résidence ordinaire des archevê-
ques. Guillaume y signa, en juillet 1362, une charte insérée p. 531 du
Cartulaire de Savigny, publié par M. Auguste Bernard. Il existait alors,
au nord de ce château, un étang très-poissonneux ; les ouvriers employés
aux fortifications ayant creusé un fossé trop près de cet étang, les eaux
filtrèrent et s'écoulèrent dans la Saône. L'archevêque porta plainte au
Consulat qui promit de faire revêtir la chaussée en maçonnerie, mais le mal-
heur des temps ne le lui permit pas, et l'étang fut à jamais desséché. Nos registres municipaux placent en 1360 cet accident que Paradin place en 1368.
— Vers la fin du XVIᵉ siècle, les Célestins avaient un étang près de leur

Guillaume de Thurey avait donc perdu la confiance du roi. Quelle pouvait en être la cause ? nous l'ignorons. Tout ce que nous pouvons dire, c'est qu'un arrêt du conseil du roi, daté de Villeneuve-les-Avignon le 11 mai 1363 nous apprend que les habitants de Lyon s'étaient plaints de ce que l'archevêque et le Chapitre avait mis *cès* (en interdit) et fermé les églises « à l'occasion de ce que, par faute d'avoir voulu contribuer aux réparations des murs de la ville, les officiers du roi avoient mis sous sa main le temporel de l'Eglise. » Les ecclésiastiques ayant été ouïs, le roi déclara que, dès qu'il serait à Lyon où il devait bientôt se rendre, il ferait droit aux parties, et, en attendant, il ordonna que les ecclésiastiques seraient contraints au paiement de leurs cotes par la prise de leur temporel. Or cette prise avait déjà été faite par le capitaine de la ville, que je présume être Jean de France (un des fils du roi), lequel ayant été investi du Comté de Mâcon, prétendait que, parce que Philippe de Valois, son aïeul avait joint à l'office de bailli de Mâcon celui de sénéchal de Lyon et de Gardiateur de la ville, le droit de garde lui appartenait comme une dépendance de la pairie (1).

A ces démélés en succédèrent d'autres entre notre archevêque et son Chapitre au sujet des droits qui leur afféraient au décès des bénéficiers de la Primatiale. L'archevêque, à chaque décès, prétendait avoir le meilleur lit de plume, le plus beau traversin, les meilleurs draps et la plus riche couverture ; ce qui était une occasion de risée et de scandale parmi

couvent ; c'est que nous apprend Benoist du Troncy dans son *Formulaire fort récréatif*, article Testament nuncupatif.

(1) Les lettres-patentes relatives à cette investiture sont du 6 décembre 1359 ; elles ont été insérées dans le *Nouvel examen de l'usage général des fiefs*, par Brussel, I, 256 ; on y remarque ces mots : «... la ville-cité-terre et *baronnie* de Lyon. »

le peuple, à cause des contestations qui s'élevaient entre les
héritiers du défunt et le clergé métropolitain qui refusait
de faire sonner les cloches jusqu'à ce que les droits eussent
été réglés ; car les lits étaient souvent soustraits et enlevés
même avant que le bénéficier eût été enseveli. Pour mettre
fin à ces abus, on convint de faire un accord en présence
de deux notaires et de plusieurs docteurs qui se réuni-
rent dans le palais de l'Archevêché. Il fut arrêté que Guillaume
de Thurey et ses successeurs auraient à l'avenir pour le
droit des lits de chaque dignitaire 15 florins de bon or,
dont 60 faisaient le marc, poids de Lyon ; pour un chanoine n'ayant aucune dignité, 10 florins d'or du même poids;
pour chacun des quatre custodes, et pour chaque chevalier de
l'Eglise, 8 florins que les héritiers du défunt seraient tenus
de payer à l'archevêque et à ses successeurs. Ce concordat,
dressé par Pierre de Crozet, docteur en décret, sacristain et
official de l'Eglise de Lyon, fut signé le 26 juin 1363, par
le doyen du Chapitre et par neuf chanoines (1).

Cette même année un corps d'Anglais s'était arrêté à Savigny
d'où il se répandait dans les environs et se livrait à toutes
sortes de brigandages. Le Chapitre promit cent florins à un
maréchal (sic) qui lui avait offert de les chasser ; mais, pour
trouver cette somme, les chandeliers d'argent de la cathé-
drale furent mis en gage. M. l'abbé Jacques qui a rapporté

(1) Jacques de Saligny que le Chapitre avait délégué pour terminer ce
différend, fut un des chanoines qui contribuèrent le plus à faire accepter au
prélat les bases de la transaction. Voyez Menestrier, *Hist. cons.*, p. 361,
où on lit qu'en 1365, Jacques Fabri, docteur ès-lois était sacristain de
Saint-Just et official de la Cour de Lyon. Voyez aussi parmi les pièces
diverses sur l'histoire de Lyon, à la suite de l'*Inventaire des titres recueillis
par Samuel Guichenon* (Lyon, 1851, in-8) celle qui a pour titre *de Lectis
canonicorum defunctorum*, p. 112.

ce fait (1) ajoute que le Chapitre fit ruiner le château de
Laye, de peur que l'ennemi ne vînt à s'en saisir (2).

Le 9 septembre de cette année, l'archevêque et le Chapitre ordonnèrent de battre *monnoye neuve*. Le 29 du même
mois, le Chapitre enjoignit au receveur du Grenier à sel de
vendre tout le sel qui était arrivé depuis la Saint-Jean. Vers
le même temps, il s'opposa à la perception de l'impôt mis
sur le sel par le dauphin (3) et ordonna aux gens de ses terres
de s'y opposer. De tels empiétements durent singulièrement
indisposer Charles V ; aussi, à son avénement au trône, le
8 avril 1364, il mit sous sa main le temporel de l'archevêché.

Le 13 août suivant, ce prince supprima, sur la demande des
citoyens, la fête des *Merveilles*, et, par une ordonnance datée
du 21 septembre, il assujétit les Juifs résidants à Lyon à
contribuer à toutes les charges de la ville ; enfin, par lettres-
patentes de cette année, il ordonna que tous les habitants
de Lyon et même les ecclésiastiques seraient tenus à faire
la garde.

Vers ce même temps, le Chapitre nomma pour capitaine
de la ville d'Anse Guillaume de Chalamont le jeune, aux
gages ordinaires de 400 florins d'or (4), à condition qu'il
serait tenu de résider au château d'Anse avec trois gentils-

(1) *L'Église primatiale de Saint-Jean*, p. 106 et 191 de l'édition *cartonnée*.

(2) Ce château qui avait appartenu aux *Templiers*, était situé sur la
paroisse de Saint-George de Reneins où ces religieux possédaient aussi une
maison qui portait également le nom de Laye (*Alm. de Lyon pour* 1760,
p. 111). C'est par erreur que M. l'abbé Jacques avait d'abord écrit Thézé
au lieu de Laye.

(3) *Actes capitulaires*. Notes de l'abbé Sudan.

(4) Depuis les premières années du XIVe siècle, les Juifs qui résidaient
à Lyon étaient tenus de porter sur l'épaule une *roue* de drap rouge ou
jaune de la largeur d'un écu. Philippe-le-Long, vers 1320, les obligea de
porter une *corne* attachée à leur épée ; mais le roi Jean changea cet attirail
en une *rouelle* ou plaque d'étain. Courtépée, *Duché de Bourgogne*, I, 110.

hommes, et d'y tenir un portier et un arquebusier. L'office de capitaine de Cozon et d'Albigny fut donné à Humbert d'Albon, seigneur de Pollionay.

Guillaume de Thurey, après avoir lutté plus d'une fois contre son Chapitre et contre l'autorité royale, eut aussi à s'opposer aux prétentions de l'empereur Charles IV. Ce monarque tenta, mais en vain, de faire valoir le droit qu'il prétendait avoir de nommer à un canonicat vacant dans l'Eglise de Lyon, et d'obliger l'archevêque à lui prêter foi et hommage pour les terres du diocèse de Lyon situées dans l'ancien royaume de Bourgogne (1).

Voilà tout ce que nous avons pu recueillir sur la vie et les actions de Guillaume de Thurey, qui passa à une meilleure vie le 12 mai 1365; Il fut inhumé dans le chœur de son église, devant le grand autel, et l'on voit encore sur plusieurs vitraux ses armes, de gueules, au sautoir d'or (2).

A. P.

(1) En 1363, la rente noble du Comté de Lyon était affermée 1,400 florins d'or. Le florin valait alors environ 24 sous. *Actes capit.*

(2) Guichenon, *Bresse*, 3e partie, p. 317; le même, *Hist. de Savoye*, Preuves, p. 208; De Lumina, *Hist. de l'Église de Lyon*, p. 336.

3

60

www.ingramcontent.com/pod-product-compliance
Lightning Source LLC
LaVergne TN
LVHW050422060726
842526LV00007B/2399